Inhalt

Körperschaftsteuer - EU-Kommission schlägt Schaffung einer einheitlichen Steuerbasis vor

Kernthesen

Beitrag

Fallbeispiele

Weiterführende Literatur

Impressum

Körperschaftsteuer - EU-Kommission schlägt Schaffung einer einheitlichen Steuerbasis vor

Annett Kaindl

Kernthesen

- Die EU-Kommission hat einen Vorschlag für eine einheitliche Bemessungsgrundlage der Körperschaftsteuer vorgelegt.
- Bei dem Vorschlag geht es nicht um die Höhe der Unternehmenssteuern.
- Die Bürokratiekosten der Unternehmen sollen gesenkt werden.
- Ein weiteres Ziel besteht darin, dem

unlauteren Steuerwettbewerb zwischen den Mitgliedstaaten ein Ende zu setzen.

Beitrag

Vorteile einer einheitlichen europäischen Steuerbasis

Die EU-Kommission möchte "mehr Fairness und Transparenz" in das europäische Steuerrecht bringen. Deshalb hat sie im März 2011 einen Gesetzesvorschlag für eine EU-weit gültige Bemessungsgrundlage für die Körperschaftsteuer vorgeschlagen. Der Vorschlag trägt den komplizierten Titel "Gemeinsame konsolidierte Körperschaftssteuer-Bemessungsgrundlage" (GKKB). (2)

Laut EU-Steuerkommissar Algirdas Semeta geht es nicht darum, die Steuern für Unternehmen in Europa zu harmonisieren. Der Vorschlag für eine gemeinsame Bemessungsgrundlage bei der Besteuerung von Unternehmen ist auch nicht ein erster Schritt in diese Richtung. Die Steuersätze bleiben in der nationalen Souveränität. Laut Semeta braucht die EU Steuerwettbewerb. Sonst könnten die Regierungen auf die Idee kommen, alle Probleme mit

Steuererhöhungen zu lösen. Bekämpft werden soll allerdings der unfaire Steuerwettbewerb. Es darf nicht sein, dass sich Regierungen gegenseitig mit technischen Tricks die großen Steuerzahler abspenstig machen. Die gemeinsame Bemessungsgrundlage soll sich positiv auf die Wirtschaft und die internationale Wettbewerbsfähigkeit der EU auswirken. Eine breite Bemessungsgrundlage ohne Ausnahmeregelungen und besondere Vergünstigungen für Branchen oder Gruppen erhöht die Transparenz eines Steuersystems und ermöglicht niedrigere Steuersätze bei gleich bleibenden Steuereinnahmen. (2), (3), (5)

Attraktiv ist die gemeinsame Bemessungsgrundlage auch für die Unternehmen, die darüber nachdenken, in andere EU-Staaten zu expandieren. Europa als Investitionsstandort wird attraktiver, denn die komplizierte Unternehmensbesteuerung in der EU hat in der Vergangenheit nicht selten Investoren aus Drittstaaten abgeschreckt. (2), (5)

Derzeitige Situation

Momentan sind grenzüberschreitend tätige Unternehmen mit bis zu 27 unterschiedlichen Steuersystemen konfrontiert. Denn in den einzelnen Mitgliedsstaaten der EU gelten unterschiedliche Regeln, um die Bemessungsgrundlage zu bestimmen.

Der Steuersatz sagt dabei nicht viel aus, denn oft liegen die effektiven Abgaben wegen der zahlreichen Ausnahmeregelungen deutlich tiefer. Zudem müssen die Unternehmen für die Besteuerung ihrer gruppeninternen Transaktionen ein äußerst komplexes System anwenden (Verrechnungspreise) und können ihre in einem Mitgliedstaat entstandenen Verluste nicht mit Gewinnen ausgleichen, die sie in einem anderen Mitgliedstaat erzielt haben. Die Folge ist, dass größeren Unternehmen hohe Kosten entstehen und kleine Unternehmen häufig ganz davon Abstand nehmen, in der EU zu expandieren. (2), (4)

Eine Harmonisierung der Bemessungsgrundlage befürwortet die EU-Kommission schon seit vielen Jahren. In der Vergangenheit scheiterten Vorstöße der Brüsseler Behörde auf diesem Gebiet allerdings am Widerstand der EU-Staaten. Bisher mussten EU-Steuergesetze einstimmig von allen Mitgliedstaaten befürwortet werden, und dafür bestand keine Chance. Mit dem Inkrafttreten des EU-Grundlagenvertrags von Lissabon im Jahr 2010 hat sich die Rechtslage verändert. Der Vertrag erlaubt, dass eine kleinere Gruppe von mindestens neun EU-Staaten vorprescht und ein Steuergesetz beschließt. Die Aussichten dafür stehen derzeit nicht schlecht. Deutschland und Frankreich haben ihre Zustimmung zur europäischen Bemessungsgrundlage bei der

Körperschaftsteuer bereits signalisiert. (1)

Was genau schlägt die EU-Kommission vor?

Für grenzüberschreitend tätige Unternehmen bietet das neue System mehrere Vorteile. Die Unternehmen haben es nur noch mit einer Steuerverwaltung zu tun, und zwar im Land ihres Stammsitzes. Den Unternehmen eröffnet sich die Möglichkeit, Gewinne und Verluste grenzüberschreitend in Europa zu verrechnen. Außerdem entfallen die äußerst komplexen Verrechnungspreise für unternehmensinterne Transaktionen zu Steuerzwecken. (1), (5)

Die EU-Kommission geht davon aus, dass alle drei Faktoren den Unternehmen erhebliche finanzielle Vorteile bringen. Das Angebot ist freiwillig. Unternehmen mit Aktivitäten in mehreren EU-Staaten können wählen, ob sie die gemeinsame Bemessungsgrundlage nutzen oder weiter mit den nationalen Systemen arbeiten wollen. Falls sich ein Unternehmen für die EU-Bemessungsgrundlage entscheidet, kann es mindestens fünf Jahre nicht mehr in das nationale System zurückkehren. (1), (2)

Der Vorschlag sieht vor, dass grenzüberschreitend tätige Unternehmen ihre Steuern in einem Land bezahlen. Die Steuereinnahmen werden dann nach einem bestimmten Schlüssel auf alle Länder verteilt, wo das Unternehmen Standorte hat. Dabei werden folgende Kriterien jeweils zu einem Drittel berücksichtigt: Mitarbeiterzahl, Anlagevermögen und Umsatz. Unternehmen können ihre Investitionsgüter über vier Jahre mit einer linearen Wertminderung von 25 Prozent abschreiben. Darüber hinaus können Forschungsinvestitionen von der Steuerschuld abgesetzt werden. Insgesamt ist die EU-Steuerbasis breiter gefasst als im nationalen Steuerrecht der meisten EU-Staaten, erklärte die EU-Kommission. Trotzdem ist das EU-System für die Unternehmen vorteilhaft, da Verluste mit Gewinnen verrechnet werden dürfen, und erhebliche Bürokratiekosten eingespart werden können. (1), (2), (6)

Da die Bemessungsgrundlage insgesamt breiter sein wird, rechnet die EU-Kommission langfristig nicht mit Steuerausfällen für die Mitgliedsstaaten. (2)

Trends

Die EU-Kommission hofft, dass der Vorschlag 2012 in Gesetzesform gegossen wird und zwei oder drei Jahre später umgesetzt werden kann - trotz großer Widerstände der Niedrigsteuerländer. (2)

Fallbeispiele

Bleibt der jetzige Vorschlag der EU-Kommission unverändert, würde nach Kommissionsberechnungen die Steuerbasis im Durchschnitt um 7,9 Prozent steigen. Dies liegt vor allem darin begründet, dass etliche Ausnahmetatbestände abgeschafft werden. (6)

Allerdings ermöglicht die GKKB nach Schätzungen der Kommission, den Unternehmen jährlich 700 Millionen Euro an Verwaltungskosten einzusparen. Hinzu kommen noch Einsparungen von 1,3 Milliarden Euro durch die Verrechnung von Gewinnen und Verlusten. (2), (4)

Laut Aussage von Werner Schnappauf, Hauptgeschäftsführer des Bundesverbands der Deutschen Industrie (BDI), reagierte die deutsche Wirtschaft positiv auf den Vorschlag der EU-Kommission für eine Steuerharmonisierung in der EU. Insbesondere wird begrüßt, dass die EU-Kommission nur die Bemessungsgrundlage, nicht jedoch die Körperschaftsteuersätze vereinheitlichen will. (1)

Ganz entschieden gegen den Vorschlag der EU-Kommission hat sich Irland ausgesprochen. Der dortige niedrige Körperschaftsteuersatz von nur 12,5 Prozent gilt als Grundstein für den einst steilen wirtschaftlichen Aufstieg der Insel. Irlands Premier Enda Kenny wehrt sich vehement gegen jedes

Zugeständnis, den Steuersatz anzuheben. Eine Studie der EU-Kommission zu den Auswirkungen einer einheitlichen Bemessungsgrundlage kam zu dem Ergebnis, dass Irland nichts zu befürchten hat. Ganz im Gegenteil, auch irische Unternehmen würden profitieren, wenn die Bürokratiekosten der Unternehmen signifikant sänken. (1), (5)

Frankreich hat öffentlich kundgetan, dass es sich über den Unternehmensteuerwettbewerb in Europa ärgert und hatte dabei vor allem Irlands Körperschaftsteuersatz von nur 12,5 Prozent im Visier. Allerdings hat die EU-Kommission festgestellt, dass die nominalen Sätze über die wahre Körperschaftsteuerbelastung in der EU wenig aussagen. In Frankreich beispielsweise beträgt der nominale Satz 33,1 Prozent, doch effektiv zahlen die Unternehmen nur 8,2 Prozent. Die steuerlichen Abzugsmöglichkeiten für die Unternehmen reichen von Forschungsausgaben bis zur Beschäftigung älterer Arbeitnehmer. Auch in den baltischen Republiken, Tschechien, der Slowakei und in Belgien zahlen die Unternehmen effektiv weniger als in Irland. Dagegen stehen Deutschland, Italien, die Niederlande und Großbritannien mit effektiven Steuersätzen von jeweils mehr als 20 Prozent an der Spitze. (7)

Weiterführende Literatur

(1) EU will Körperschaftsteuer fair und einfach gestalten
aus Handelsblatt Nr. 054 vom 17.03.2011 Seite 18

(2) Die EU-Kommission will Transparenz im Steuerwettbewerb schaffen
aus Tagesanzeiger vom 17.03.2011 Seite 42

(3) Ruinösen Steuerwettlauf stoppen
aus Börsen-Zeitung, 03.03.2011, Nummer 43, Seite 7

(4) EU-Kommission will Besteuerung von Unternehmen vereinfachen
aus news aktuell, 2011-03-16

(5) "Eine kleine Gruppe sollte vorpreschen"
aus Handelsblatt Nr. 032 vom 15.02.2011 Seite 12

(6) EU-Kommission will einheitliche Gewinnberechnung
aus Frankfurter Allgemeine Zeitung, 17.03.2011, Nr. 64, S. 11

(7) Bierdeckel-Steuer für Unternehmen
aus Handelsblatt Nr. 054 vom 17.03.2011 Seite 12

Impressum

Körperschaftsteuer - EU-Kommission schlägt Schaffung einer einheitlichen Steuerbasis vor

Bibliografische Information der deutschen Nationalbibliothek

Die Deutsche Nationalbibliothek verzeichnet diese Publikation in der deutschen Nationalbibliografie; detaillierte bibliografische Daten sind im Internet über http://dnb.d-nb.de abrufbar.

ISBN: 978-3-7379-1399-7

© 2015 GBI-Genios Deutsche Wirtschaftsdatenbank GmbH, Freischützstraße 96, 81927 München, www.genios.de

Alle Rechte vorbehalten. Dieses Werk ist einschließlich aller seiner Teile – z.B. Texte, Tabellen und Grafiken - urheberrechtlich geschützt. Jede Verwertung außerhalb der Grenzen des Urheberrechtsgesetzes bedarf der vorherigen Zustimmung des Verlags. Dies gilt insbesondere auch für auszugsweise Nachdrucke, fotomechanische

Vervielfältigungen (Fotokopie/Mikroskopie), Übersetzungen, Auswertungen durch Datenbanken oder ähnliche Einrichtungen und die Einspeicherung und Verarbeitung in elektronischen Systemen.